Copyright © 2020 Brain Trainer All rights reserved.

No part of this publication may be reproduced, distributed or transmitted in any form or by any means, including photocopying, recording, or other electronic or mechanical methods, without the prior written permission of the publisher, except in the case of brief quotations embodied in critical reviews and certain other non-commercial uses permitted by copyright law.

Trademarked names appear throughout this book. Rather than use a trademark symbol with every occurrence of a trademarked name, names are used in an editorial fashion, with no intention of infringement of the respective owner's trademark. The information in this book is distributed on an "as is" basis, without warranty. Although every precaution has been taken in the preparation of this work, neither the author nor the publisher shall have any liability to any person or entity with respect to any loss or damage caused or alleged to be caused directly or indirectly by the information contained in this book.

Puzzle 1

Junior

🍓 + 🍓 = 14

🥝 + 🍓 = 15

🍐 + 🥝 = 17

🍐 - 🍓 = ___

Puzzle 2

Junior

🍋 + 🍋 = 8

🍍 + 🍋 = 11

🍐 + 🍍 = 14

🍐 + 🍋 = ___

Puzzle 3

Junior

🍉 + 🍉 = 6

🍍 - 🍉 = 4

🍌 - 🍍 = 2

🍌 + 🍉 = ___

Puzzle 4

Junior

🍐 + 🍐 = 4

🍋 - 🍐 = 5

🍋 + 🍎 = 11

🍎 + 🍐 = ___

Puzzle 5

Junior

🍉 + 🍉 = 18

🍉 + 🍎 = 11

🍐 − 🍎 = 8

🍐 + 🍉 = ___

Puzzle 6

Junior

🍉 + 🍉 = 12

🍌 + 🍉 = 14

🍌 − 🍋 = 7

🍉 + 🍋 = ___

Puzzle 7

Junior

🍊 + 🍊 = 16

🍊 − 🍉 = 6

🍉 − 🍋‍🟩 = 1

🍊 + 🍋‍🟩 = ___

Puzzle 8

Junior

🍊 + 🍊 = 6

🍓 + 🍊 = 7

🍋 − 🍓 = 5

🍋 + 🍊 = ___

Puzzle  9

Junior

 +  = 2

 −  = 0

 +  = 9

 +  = ___

Puzzle 10

Junior

 +  = 18

 +  = 18

 −  = 8

 −  = ___

Puzzle 11

Junior

🥝 + 🥝 = 18

🥝 − 🍐 = 3

🍓 + 🍐 = 13

🥝 + 🍓 = ___

Puzzle 12

Junior

🥝 + 🥝 = 4

🥝 + 🍐 = 3

🍊 + 🍐 = 7

🍊 + 🥝 = ___

Puzzle 13

Junior

🍓 + 🍓 = 12

🍓 - 🍋 = 5

🥝 - 🍋 = 8

🥝 + 🍓 = ___

Puzzle 14

Junior

🍍 + 🍍 = 12

🍌 + 🍍 = 15

🍌 - 🍊 = 3

🍊 + 🍍 = ___

Puzzle 15

Junior

🍐 + 🍐 = 6

🍋 - 🍐 = 7

🍓 + 🍋 = 20

🍓 + 🍐 = ___

Puzzle 16

Junior

🍐 + 🍐 = 14

🍊 + 🍐 = 16

🍊 - 🥝 = 2

🥝 - 🍐 = ___

Puzzle 17

Junior

🍉 + 🍉 = 20

🍉 + 🍋 = 15

🍐 − 🍋 = 5

🍐 − 🍉 = ___

Puzzle 18

Junior

🍋 + 🍋 = 20

🍋 − 🍌 = 3

🍓 − 🍌 = 3

🍓 − 🍋 = ___

Puzzle 19

Junior

🥝 + 🥝 = 10
🍍 + 🥝 = 15
🍍 − 🍐 = 7
🥝 − 🍐 = ___

Puzzle 20

Junior

🍎 + 🍎 = 14
🍍 + 🍎 = 14
🍍 + 🥝 = 11
🍎 − 🥝 = ___

Puzzle 21

Junior

🍓 + 🍓 = 8
🍐 - 🍓 = 1
🍊 + 🍐 = 13
🍊 + 🍓 = ___

Puzzle 22

Junior

🍐 + 🍐 = 6
🍌 + 🍐 = 11
🍌 - 🍋 = 3
🍋 - 🍐 = ___

Puzzle 23

Junior

 +  = 16

 -  = 5

 -  = 0

 -  = ___

Puzzle 24

Junior

 +  = 6

 -  = 2

 +  = 10

 -  = ___

Puzzle 25

Junior

🍓 + 🍓 = 10
🍋 + 🍓 = 10
🍋 − 🍐 = 4
🍓 − 🍐 = ___

Puzzle 26

Junior

🍐 + 🍐 = 10
🍐 + 🍍 = 8
🍍 − 🥝 = 1
🍐 − 🥝 = ___

Puzzle 27

Junior

🍓 + 🍓 = 8

🍓 - 🍉 = 2

🍊 + 🍉 = 7

🍊 - 🍓 = ___

Puzzle 28

Junior

🍐 + 🍐 = 2

🍉 + 🍐 = 6

🍉 + 🍋 = 7

🍋 + 🍐 = ___

Puzzle 29

Junior

🍉 + 🍉 = 14

🍉 − 🍓 = 2

🍓 + 🍎 = 6

🍉 + 🍎 = ___

Puzzle 30

Junior

🍓 + 🍓 = 12

🍓 − 🍋 = 2

🥝 + 🍋 = 9

🍓 + 🥝 = ___

Puzzle 31

Junior

🍊 + 🍊 = 18

🍊 + 🍌 = 17

🍍 + 🍌 = 16

🍊 - 🍍 = ___

Puzzle 32

Junior

🍍 + 🍍 = 2

🍋 - 🍍 = 5

🍌 - 🍋 = 2

🍌 - 🍍 = ___

Puzzle 33

Junior

 +  = 6

 +  = 9

 +  = 13

 -  = ___

Puzzle 34

Junior

 +  = 20

 +  = 18

 +  = 9

 -  = ___

Puzzle 35

Junior

🍌 + 🍌 = 20
🍌 + 🥝 = 11
🍍 + 🥝 = 3
🍌 + 🍍 = ___

Puzzle 36

Junior

🍓 + 🍓 = 16
🍓 − 🍉 = 2
🍋 + 🍉 = 13
🍓 − 🍋 = ___

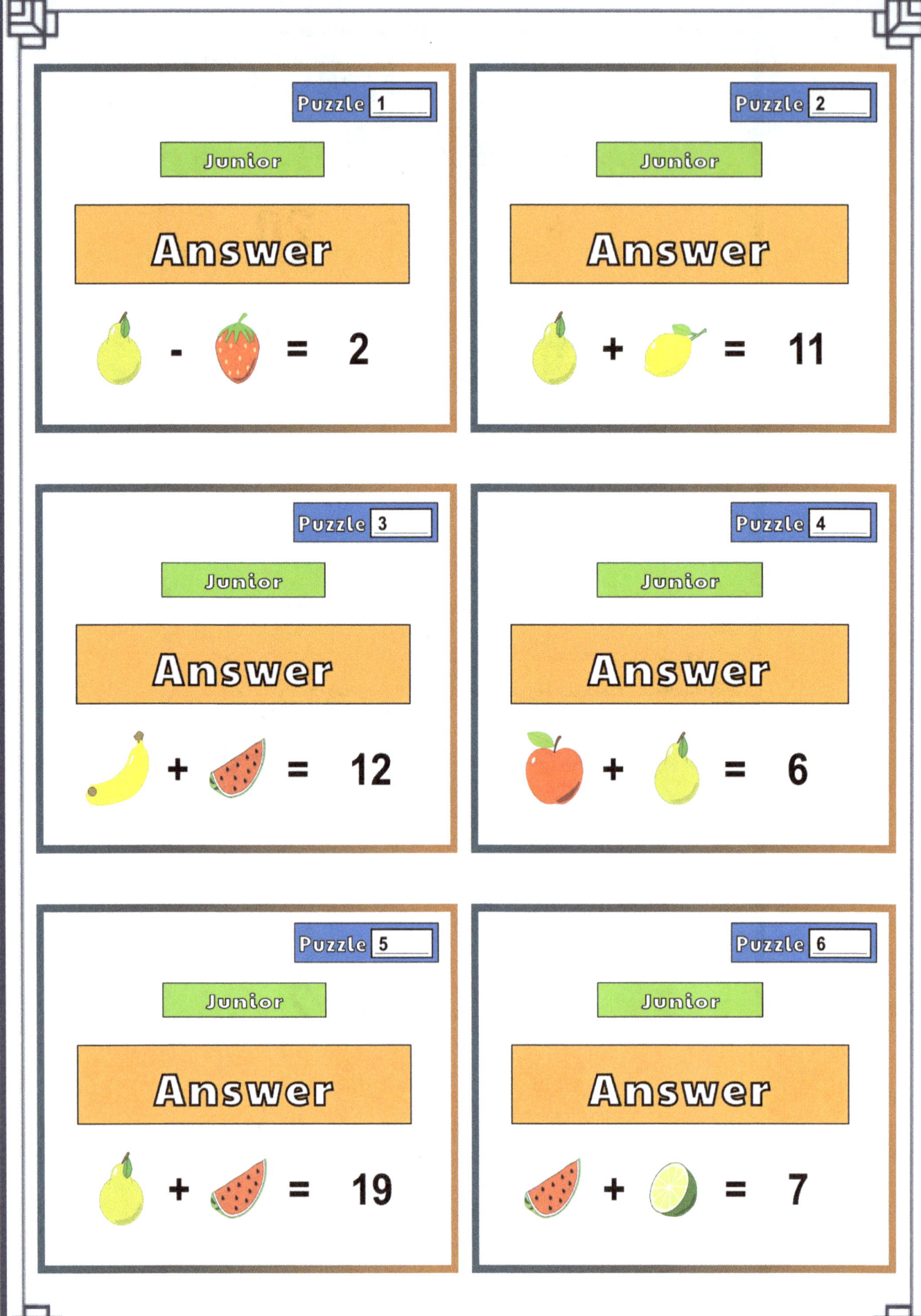

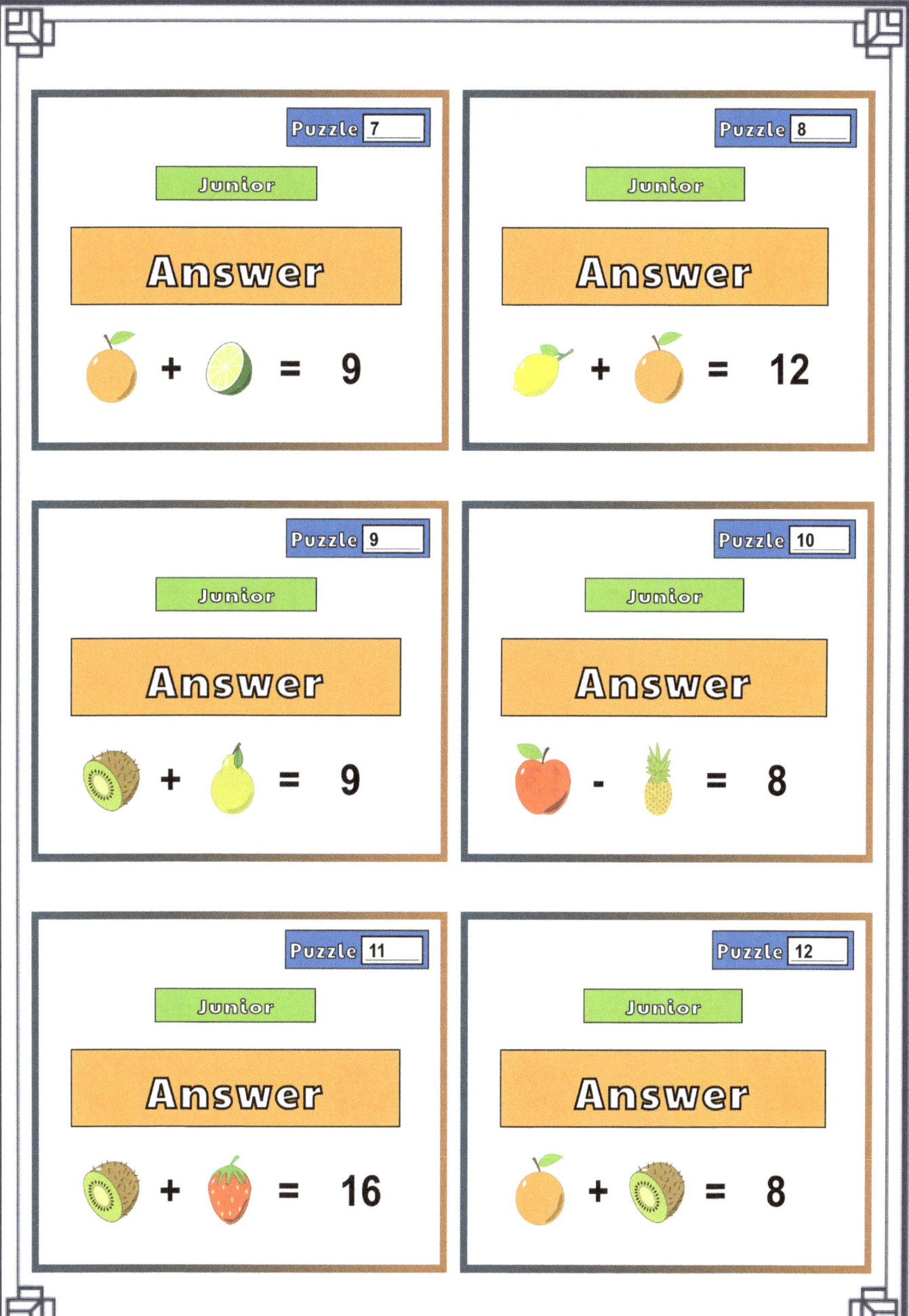

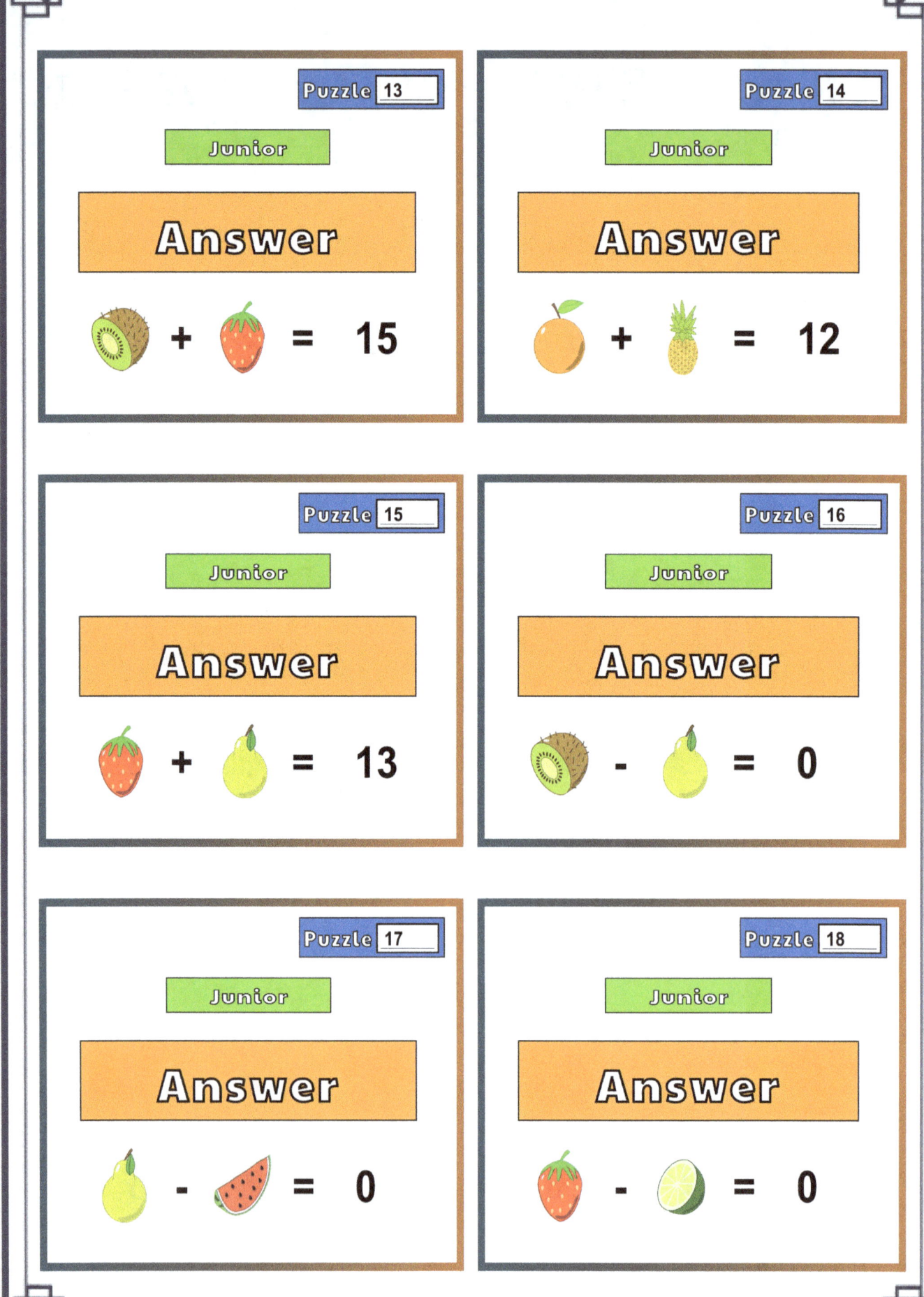

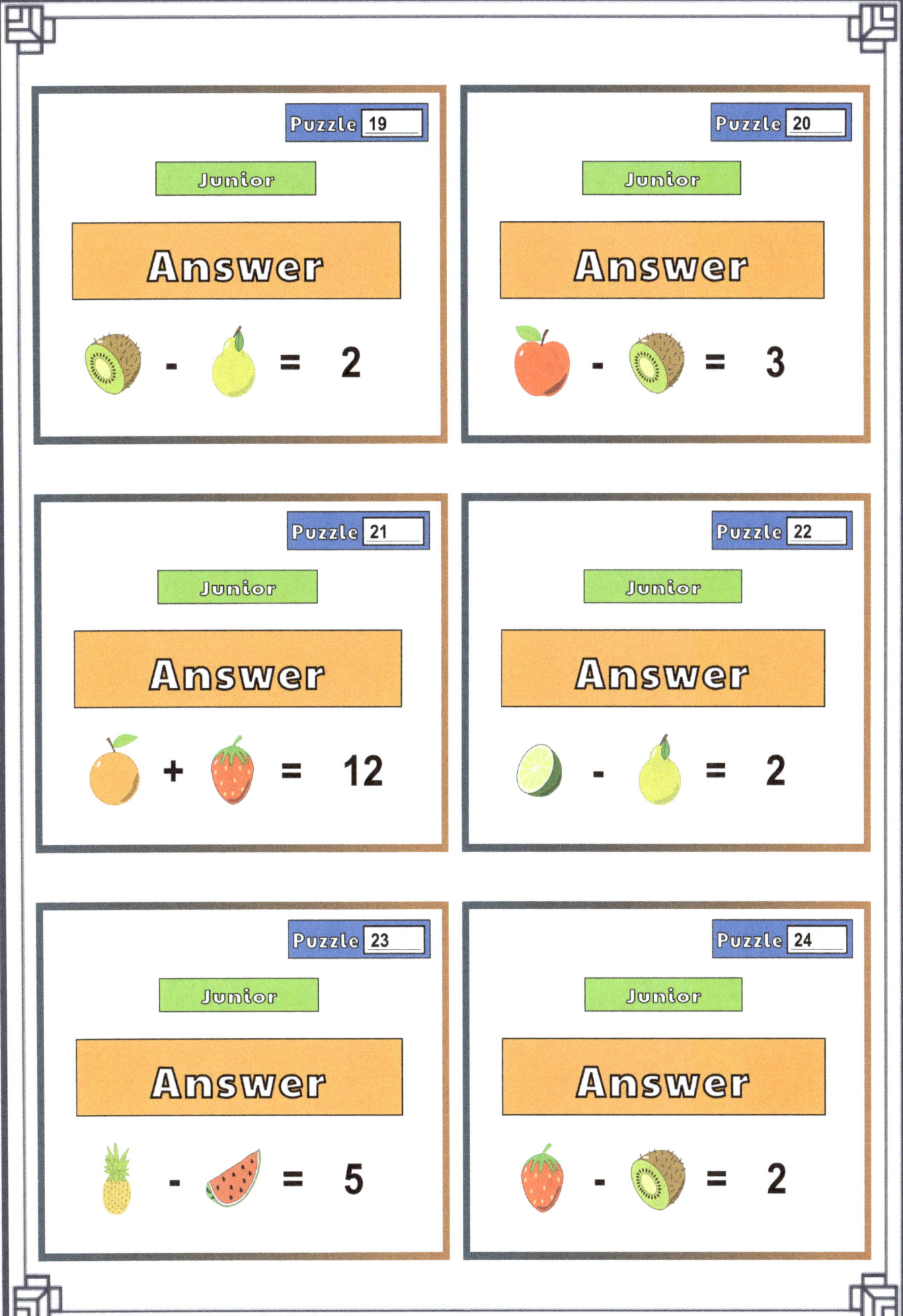

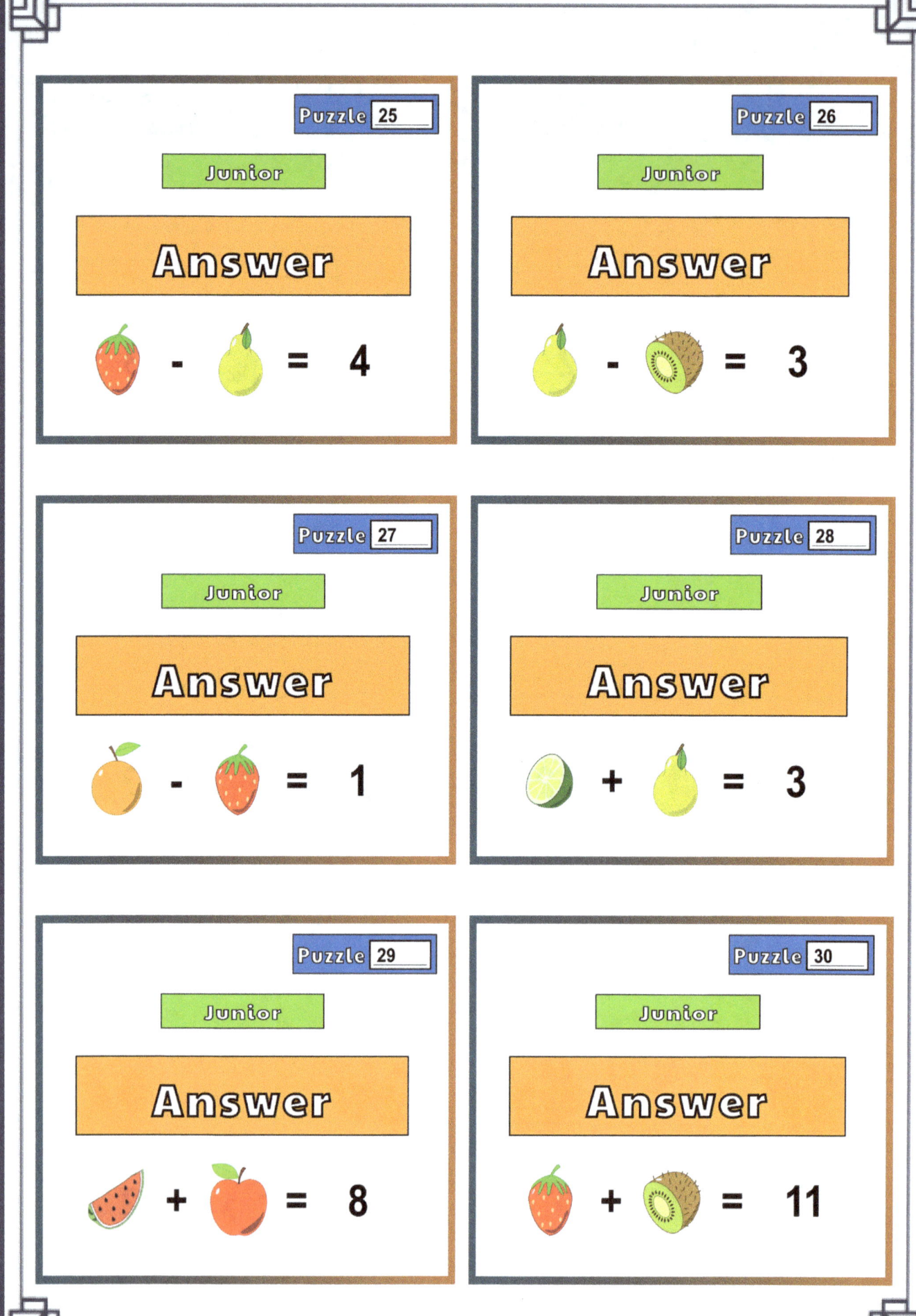

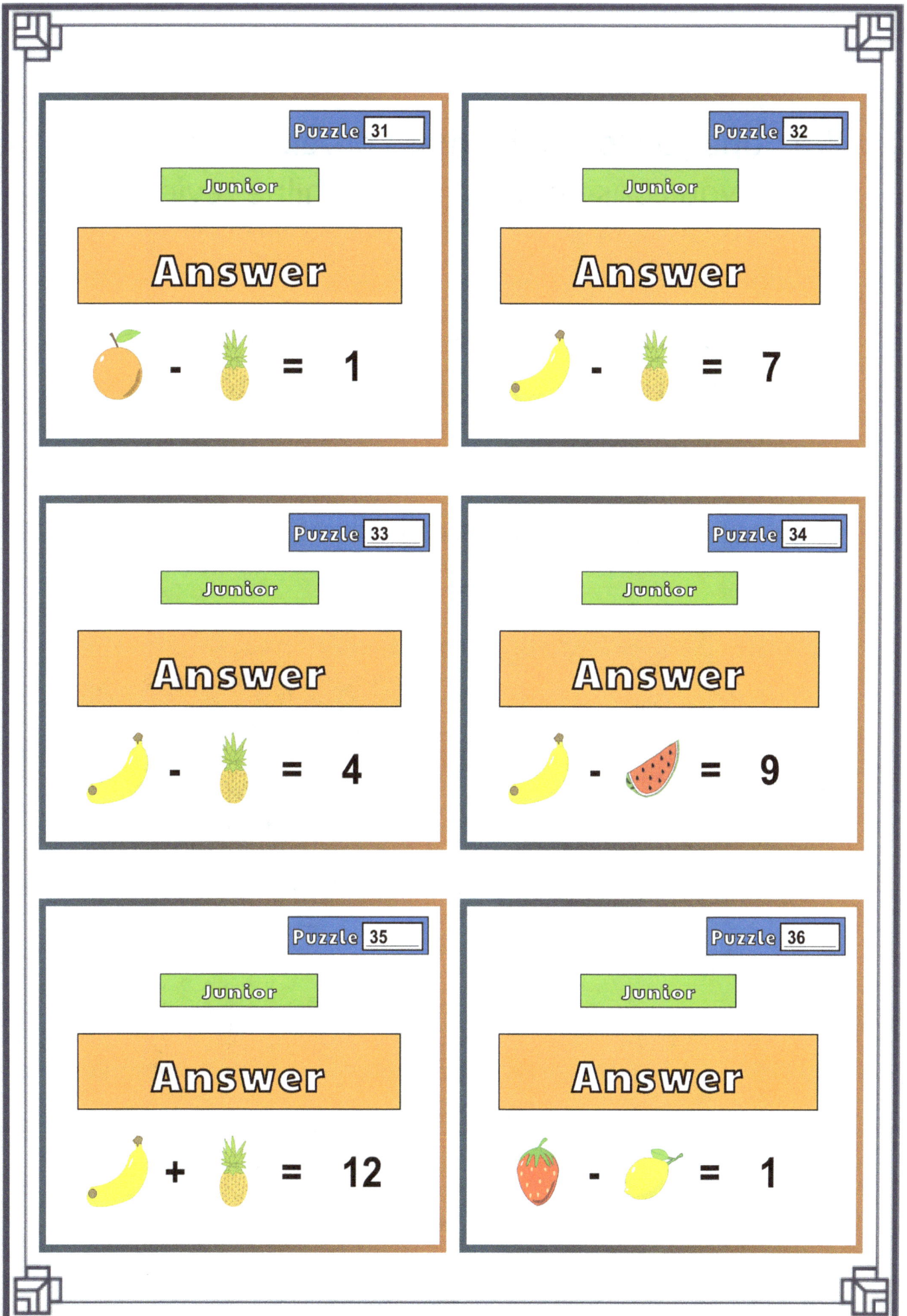

We hope you loved the math puzzles. If you did, would you consider posting an online review?

This helps us to continue providing great products, and helps potential buyers to make confident decisions.

For more puzzles find our similar titles

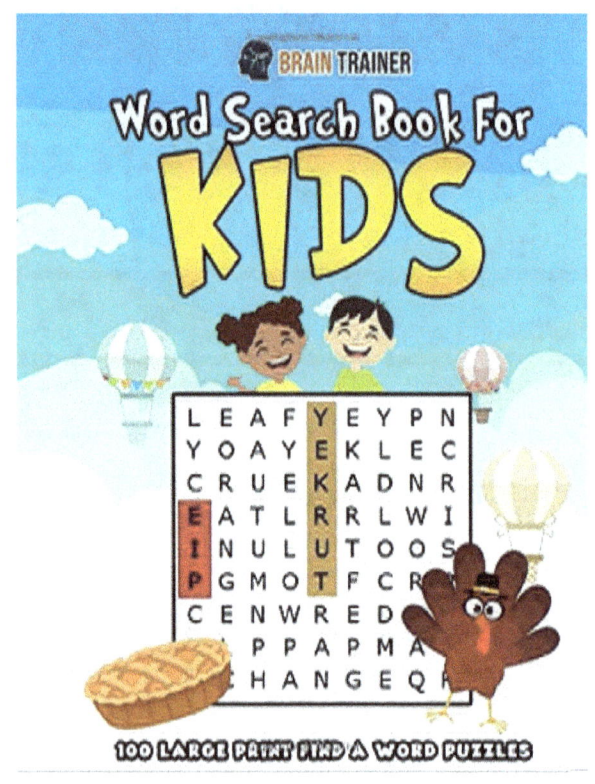

www.ingramcontent.com/pod-product-compliance
Lightning Source LLC
Chambersburg PA
CBHW081340080526
44588CB00017B/2696